Katja Berlin

Was Frauen sich zu Weihnachten wünschen

Der Adventskalender mit satirischen Grafiken

Katja Berlin

Was Frauen sich zu Weihnachten wünschen

- ■ Equal Pay
- ■ Faire Verteilung von Sorgearbeit
- ■ Körperliche Selbstbestimmung
- ■ Geschlechtergerechtigkeit

Was Frauen zu Weihnachten bekommen

- ■ Diesen Adventskalender

Der Adventskalender mit satirischen Grafiken **YES**

Wie sehr man sich auf Weihnachten freut

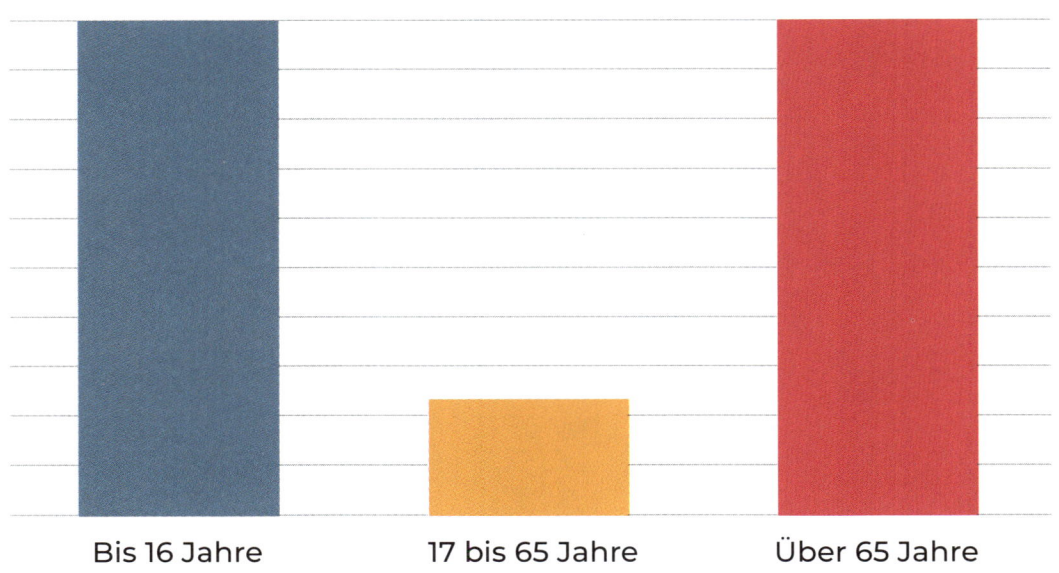

Bis 16 Jahre   17 bis 65 Jahre   Über 65 Jahre

Belastungsproben für Familien

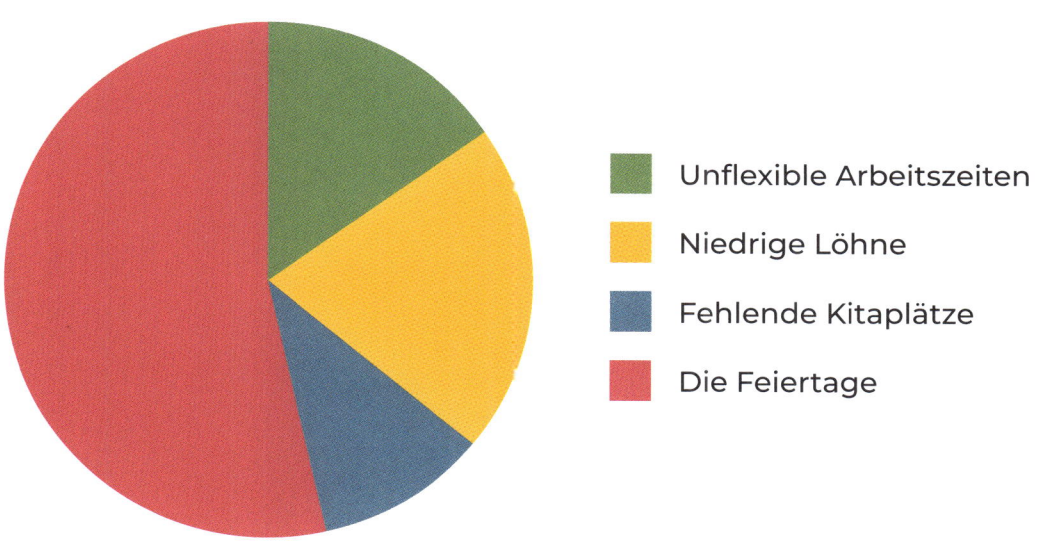

- Unflexible Arbeitszeiten
- Niedrige Löhne
- Fehlende Kitaplätze
- Die Feiertage

Frauenleben in Weihnachtsfilmen

Eine erfolgreiche Anwältin aus der Großstadt fährt über Weihnachten nach Hause in eine Kleinstadt, wo sie ihren alten Schulfreund wiedertrifft und sich dafür entscheidet, bei ihm zu bleiben.

Eine Frau aus einer Kleinstadt beschließt an Weihnachten, ihren Partner aus Schulzeiten zu verlassen, um in die Großstadt zu gehen und dort erfolgreiche Anwältin zu werden.

Wie man Menschen nennt, die ihren Kindern einen Schokoadventskalender kaufen

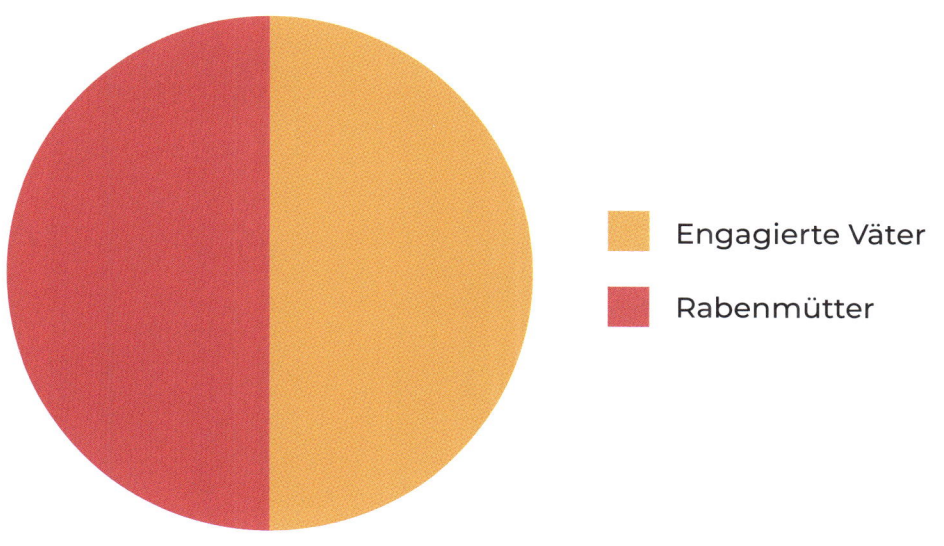

- Engagierte Väter
- Rabenmütter

Wer sich über die ganzen Kartons freut, die in der Weihnachtszeit geliefert werden

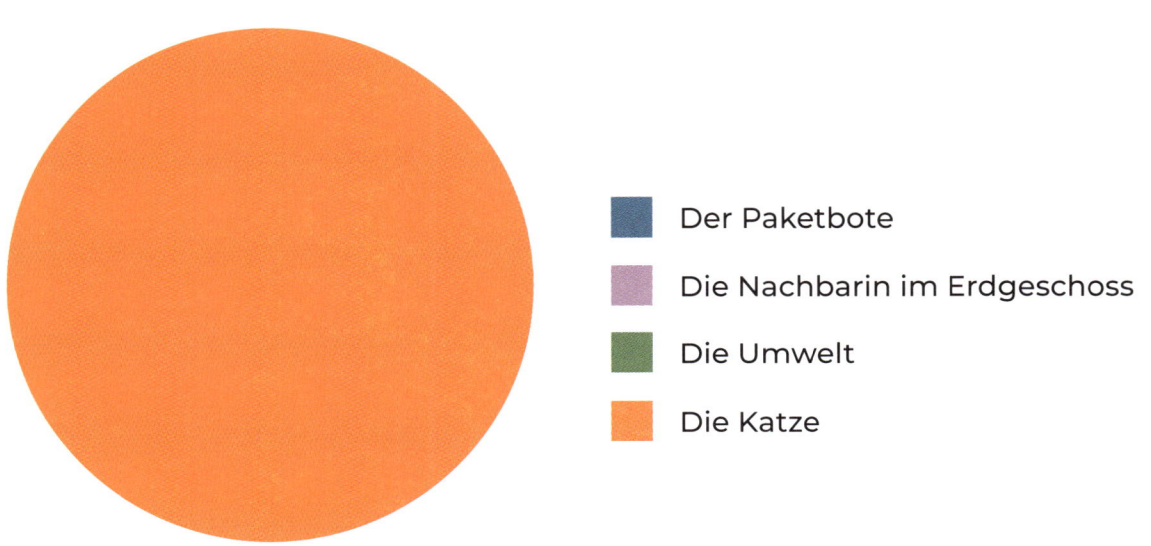

- Der Paketbote
- Die Nachbarin im Erdgeschoss
- Die Umwelt
- Die Katze

Die stärksten Emotionen der Adventszeit

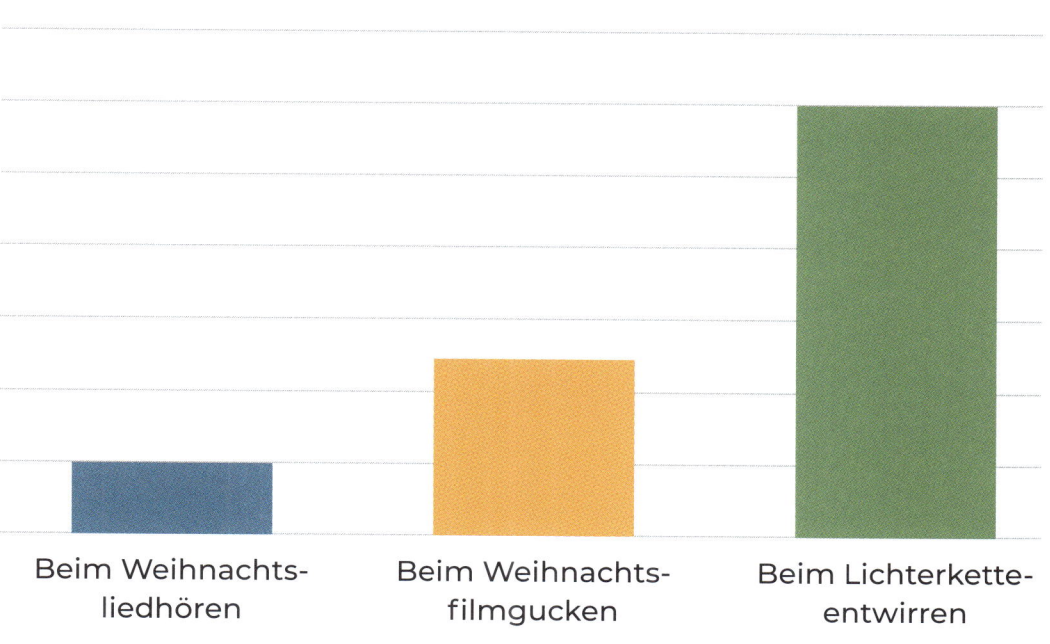

Was wir in der Adventszeit machen

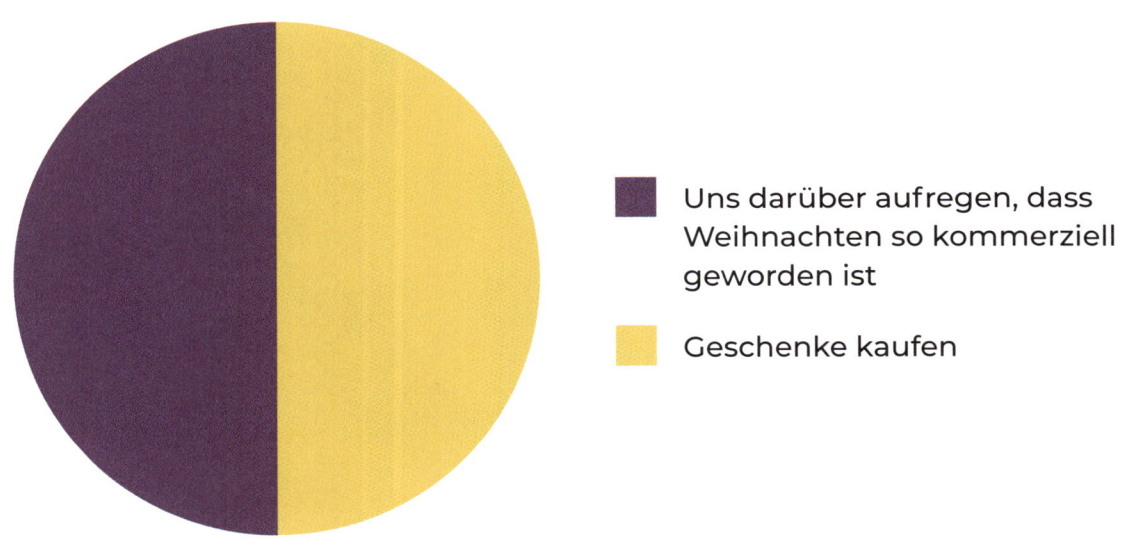

- Uns darüber aufregen, dass Weihnachten so kommerziell geworden ist
- Geschenke kaufen

Unsere guten Vorsätze

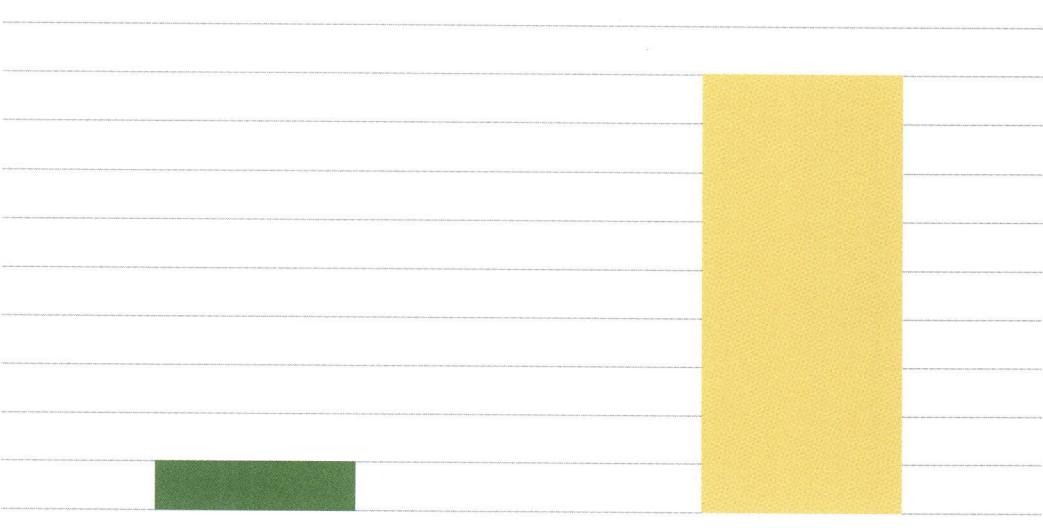

Endlich mal ins Fitnessstudio eintreten!

Endlich mal den ungenutzten Vertrag mit dem Fitnessstudio kündigen!

Männerquote

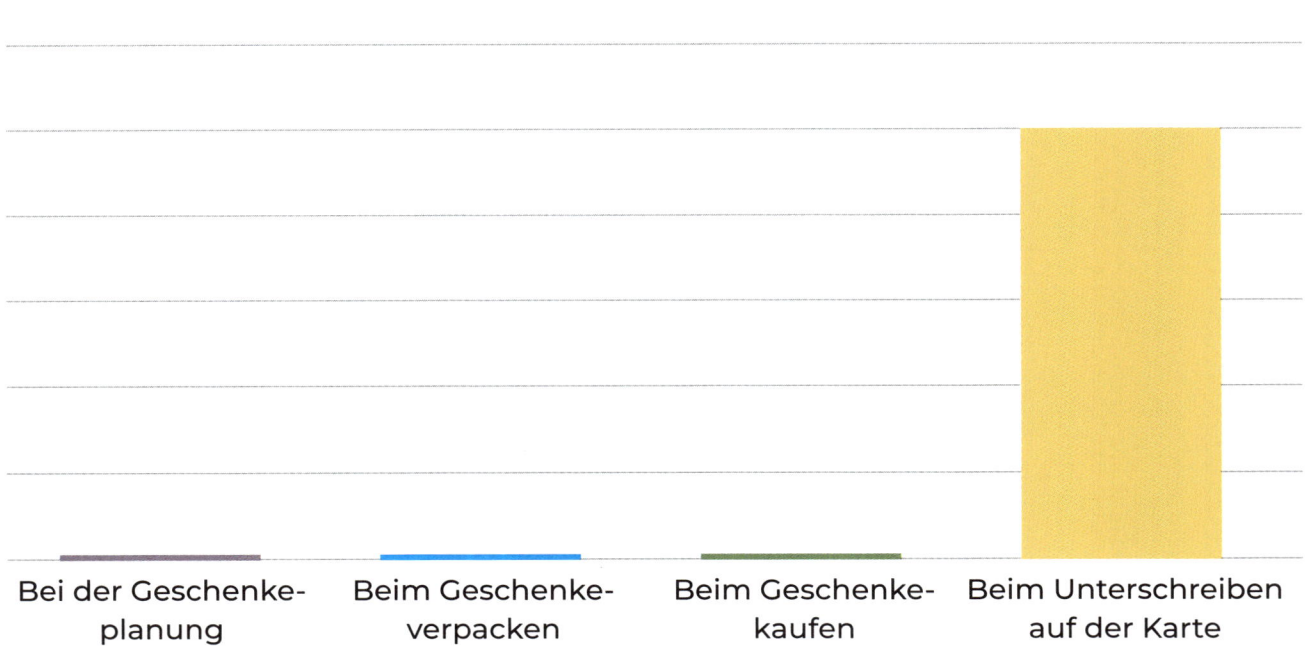

Bei der Geschenke-planung · Beim Geschenke-verpacken · Beim Geschenke-kaufen · Beim Unterschreiben auf der Karte

Wo Weihnachten am schönsten ist

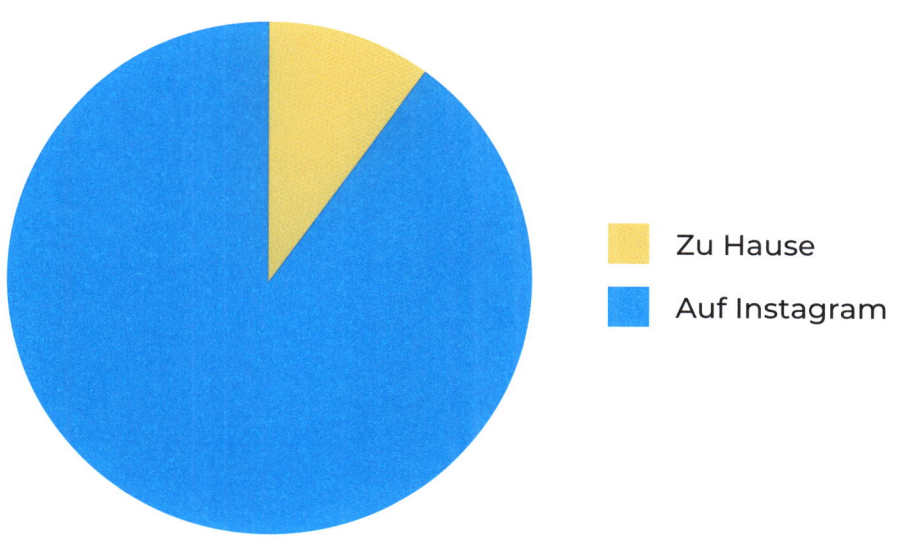

Zu Hause

Auf Instagram

Wie toll Kinder selbstgebastelte Geschenke finden

Gemischte Gefühle

Das Schönste an Weihnachten

Das Schlimmste an Weihnachten

Sehr viel Zeit mit der Familie verbringen

Was wir uns zu Weihnachten wünschen

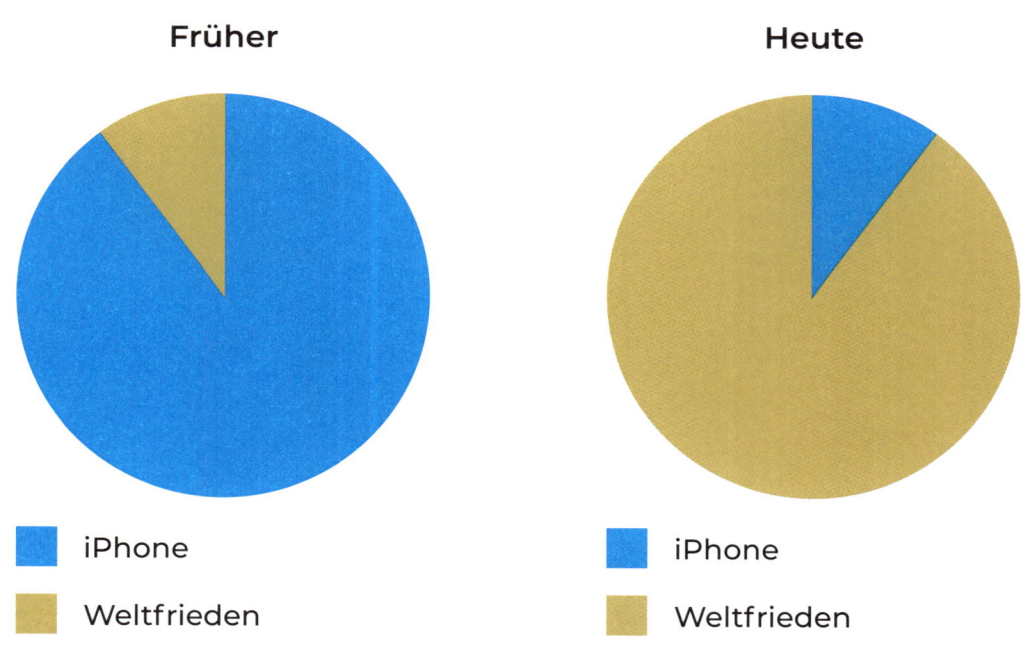

Früher

Heute

iPhone

Weltfrieden

iPhone

Weltfrieden

Was wir bekommen, wenn wir uns Weltfrieden wünschen

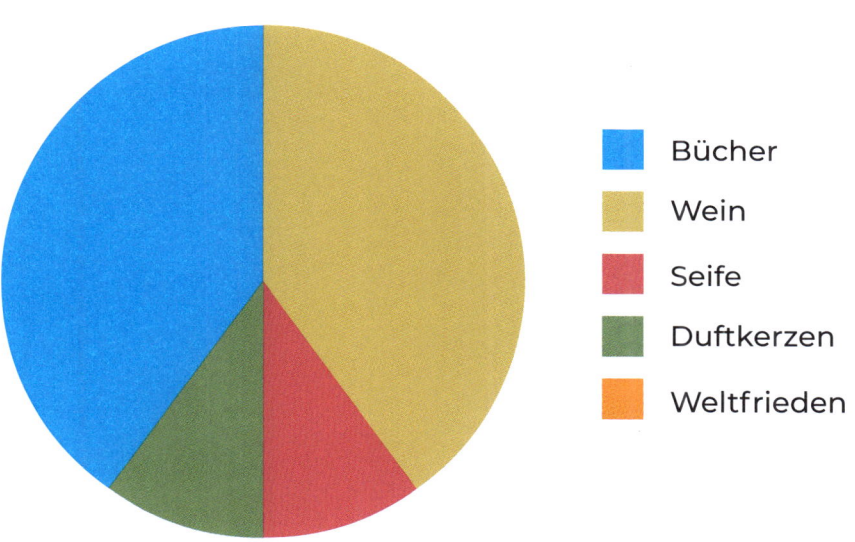

- Bücher
- Wein
- Seife
- Duftkerzen
- Weltfrieden

Themen, die wir auf der Familienfeier zur Konfliktvermeidung am besten ausklammern

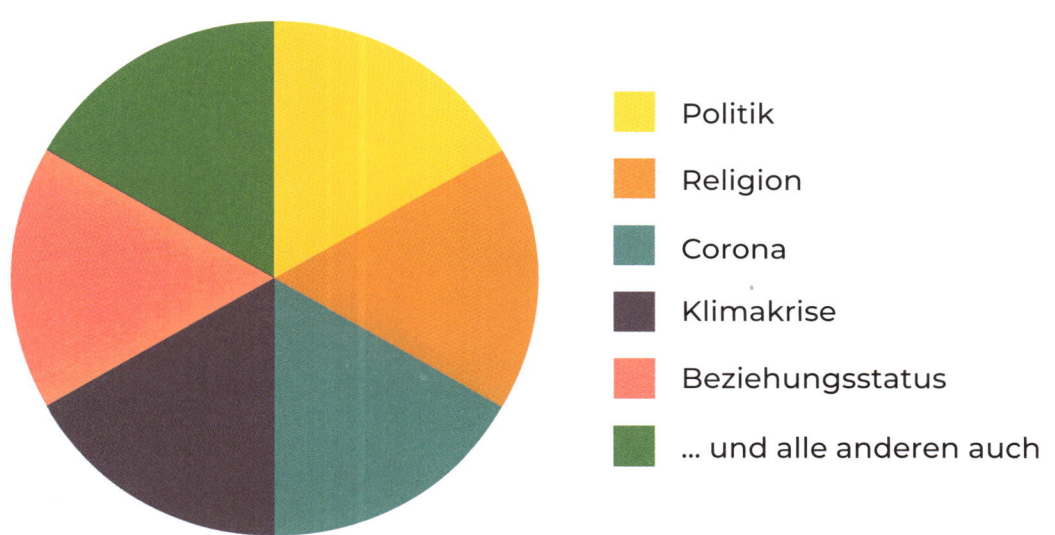

- Politik
- Religion
- Corona
- Klimakrise
- Beziehungsstatus
- … und alle anderen auch

»Wir müssen uns unbedingt noch mal vor Weihnachten treffen!«

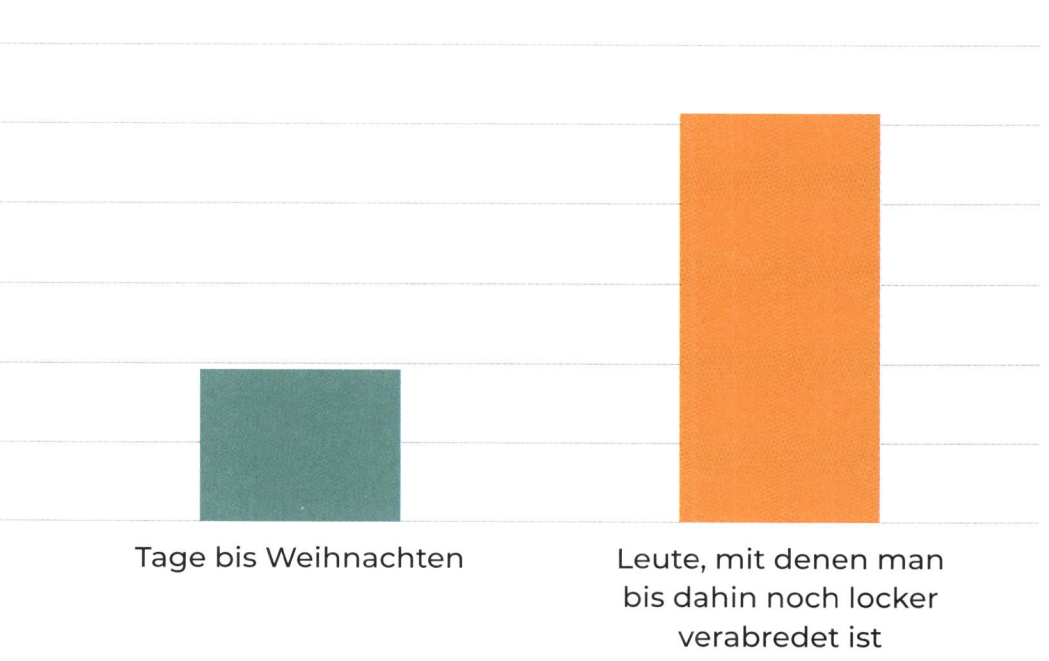

Tage bis Weihnachten

Leute, mit denen man bis dahin noch locker verabredet ist

Weihnachtsgeschenke kaufen

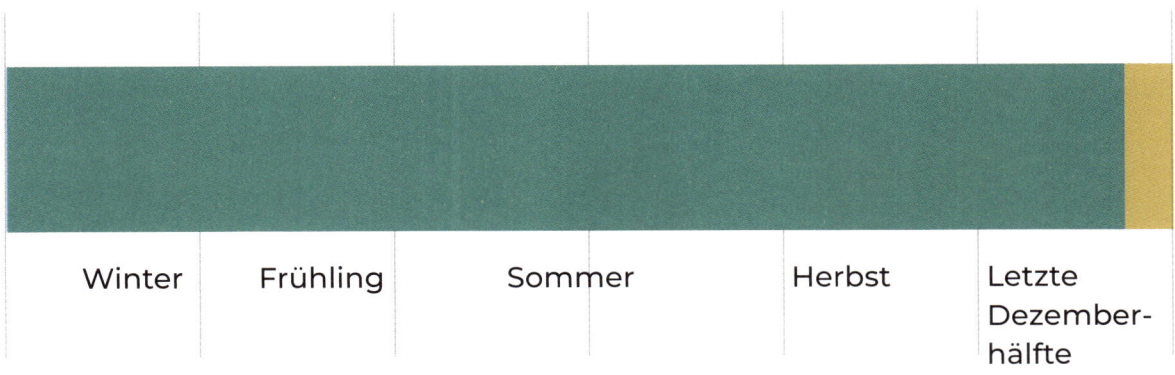

Winter | Frühling | Sommer | Herbst | Letzte Dezember-hälfte

- Wann dafür eine gute Zeit wäre
- Wann ich es mache

Warum wir Weihnachten feiern

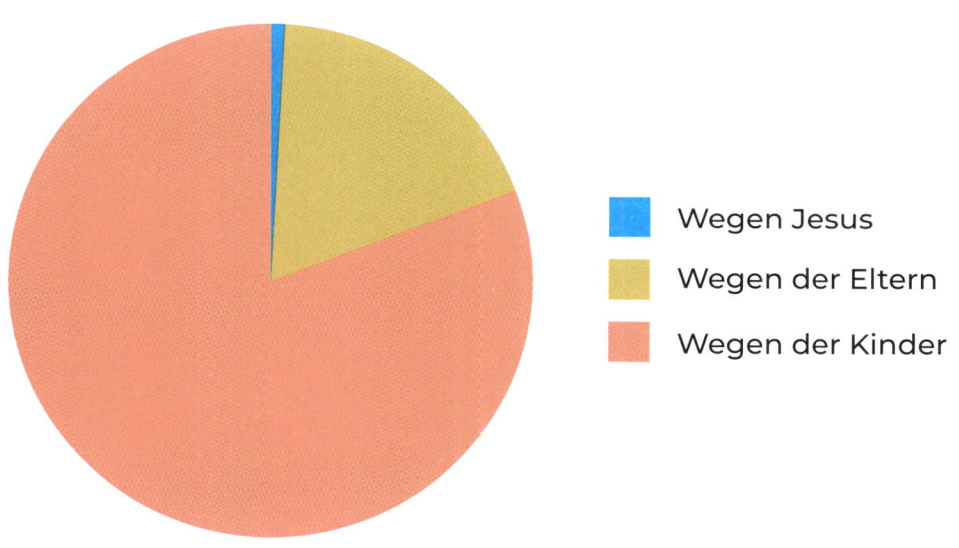

Wegen Jesus

Wegen der Eltern

Wegen der Kinder

Wo wir in der Adventszeit zusammenkommen

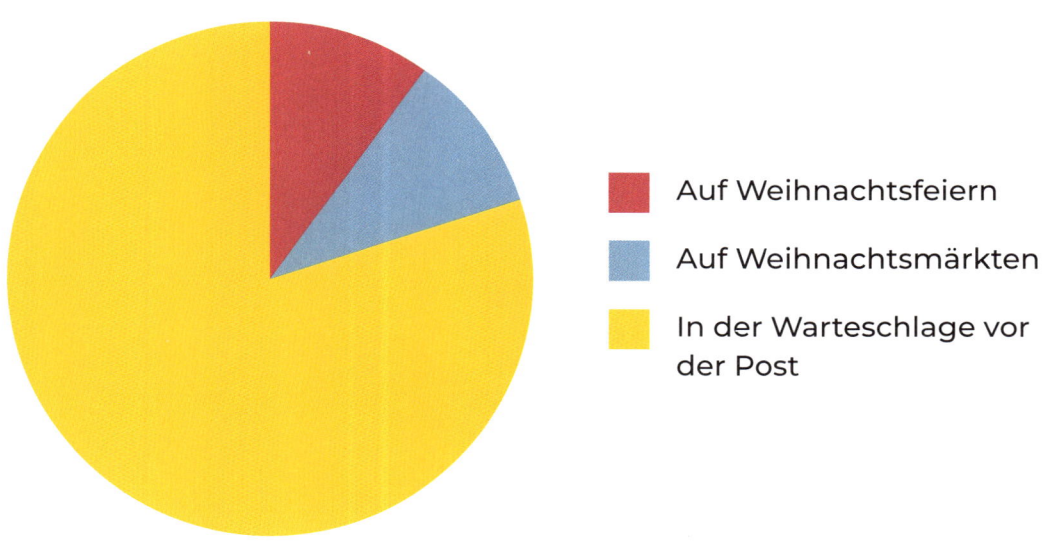

- Auf Weihnachtsfeiern
- Auf Weihnachtsmärkten
- In der Warteschlage vor der Post

Was Menschen sich zu Weihnachten wünschen

In der Realität

- Konzerttickets, wenn sie Musikfans sind
- Bücher, wenn sie gerne lesen
- Kleidung, wenn sie modisch sind
- Spiele, wenn sie Gamer sind
- Wein, wenn sie gerne genießen
- Fotokalender, wenn sie Großeltern sind

Laut Geschenketipps in Zeitschriften

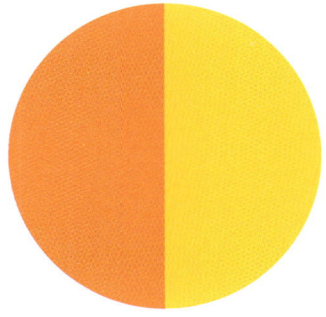

- Grillschürzen, Autobildbände und Whisky, wenn sie Männer sind
- Duftkerzen, Wohnaccessoires und Kosmetik, wenn sie Frauen sind

»Ich mache mir nun mal nicht so viel aus Weihnachten wie du ...

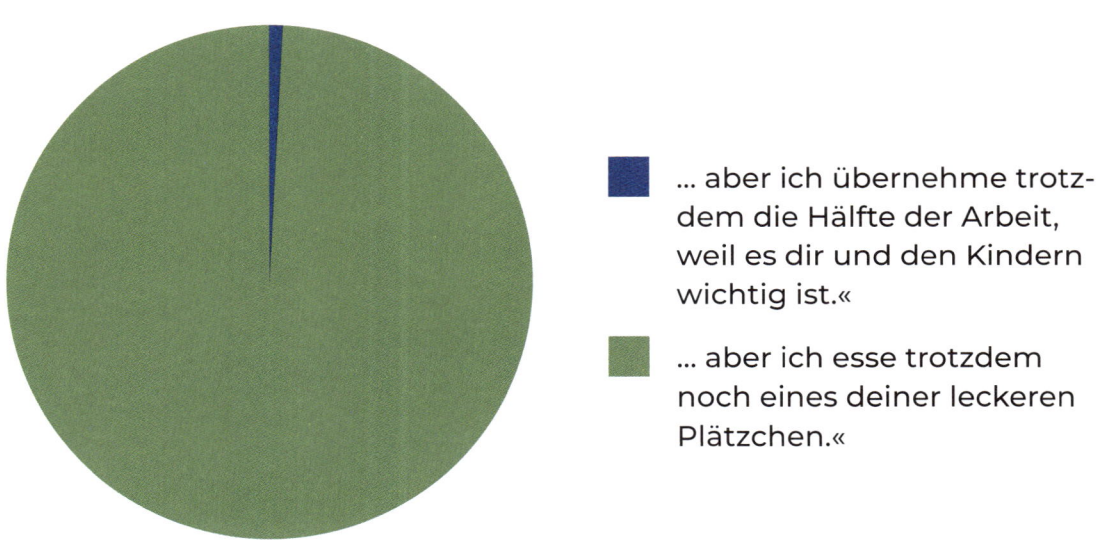

■ ... aber ich übernehme trotzdem die Hälfte der Arbeit, weil es dir und den Kindern wichtig ist.«

■ ... aber ich esse trotzdem noch eines deiner leckeren Plätzchen.«

Wie unglücklich man als Single an Weihnachten ist

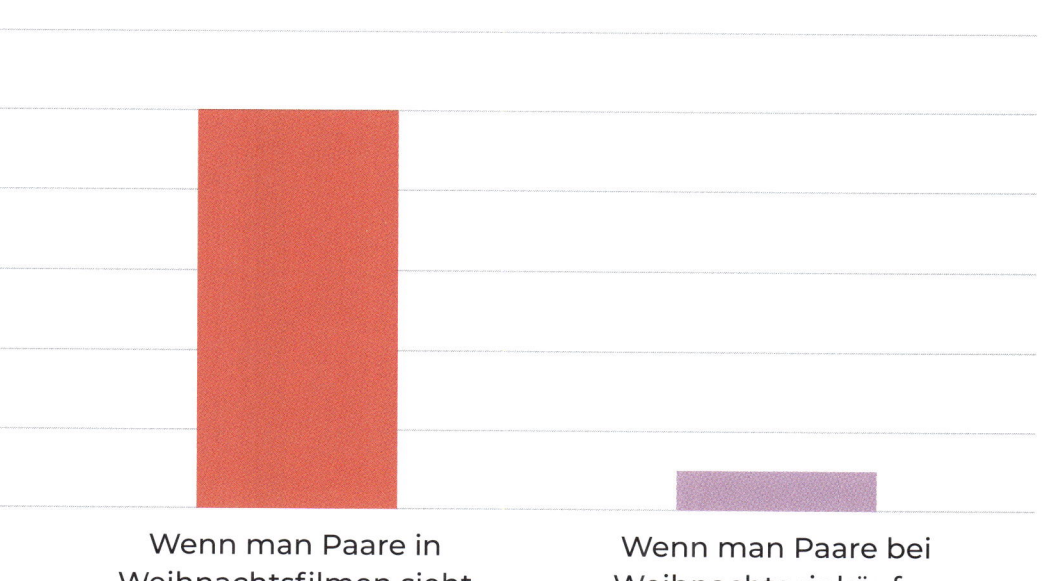

Wenn man Paare in Weihnachtsfilmen sieht

Wenn man Paare bei Weihnachtseinkäufen sieht

Vor der Betriebsweihnachtsfeier

Was Männer sich wünschen

- 🟨 Dass es gutes Essen gibt
- 🟩 Dass es guten Wein gibt
- 🟧 Dass es gute Musik gibt
- 🟦 Dass es gute Unterhaltung gibt

Was Frauen sich wünschen

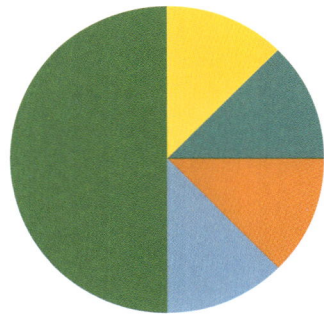

- 🟨 Dass es gutes Essen gibt
- 🟩 Dass es guten Wein gibt
- 🟧 Dass es gute Musik gibt
- 🟦 Dass es gute Unterhaltung gibt
- 🟩 Dass der Kollege nicht schon wieder betrunken rumgrapscht

Wie viele Tage es noch bis Weihnachten sind

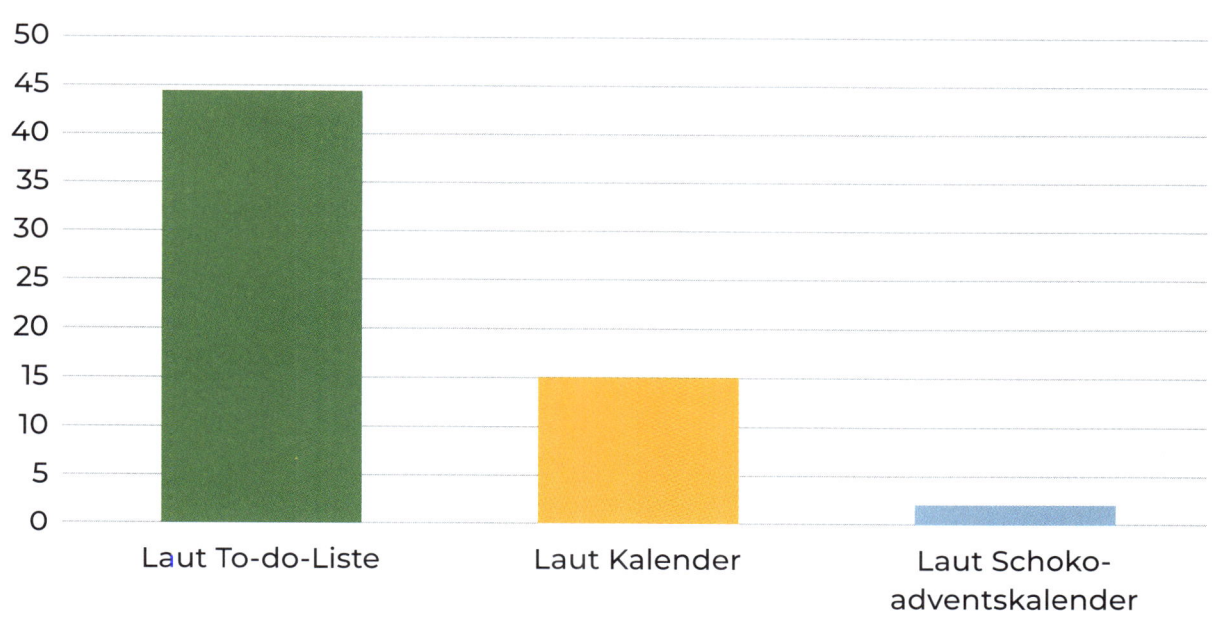

Wo es dauernd um die Familie geht

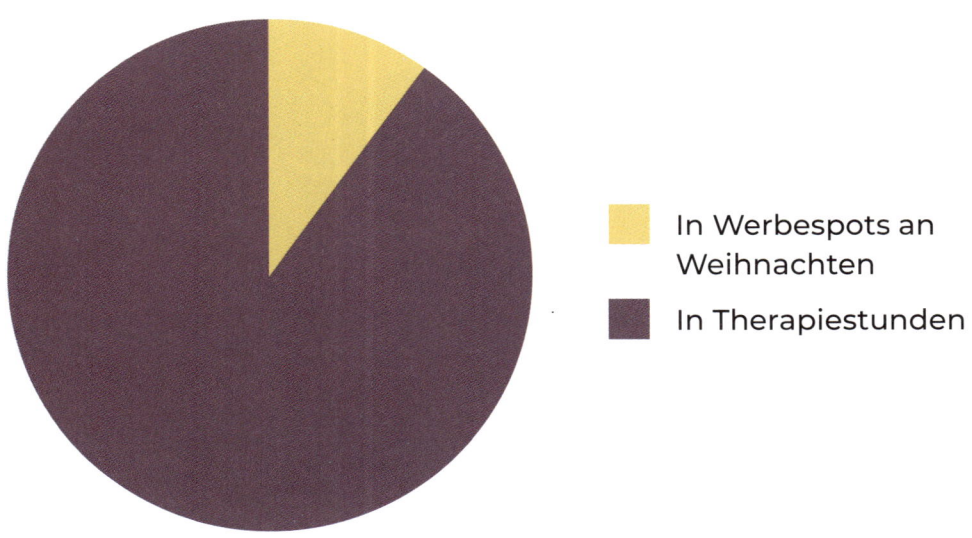

In Werbespots an Weihnachten

In Therapiestunden

Das Schönste an Weihnachtskarten

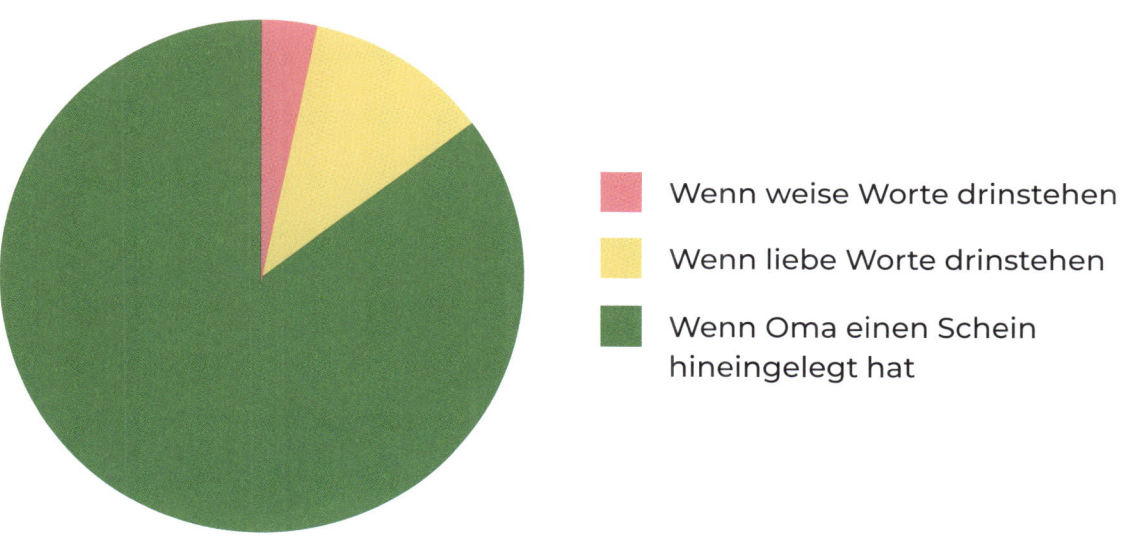

- Wenn weise Worte drinstehen
- Wenn liebe Worte drinstehen
- Wenn Oma einen Schein hineingelegt hat

All I want for Christmas is

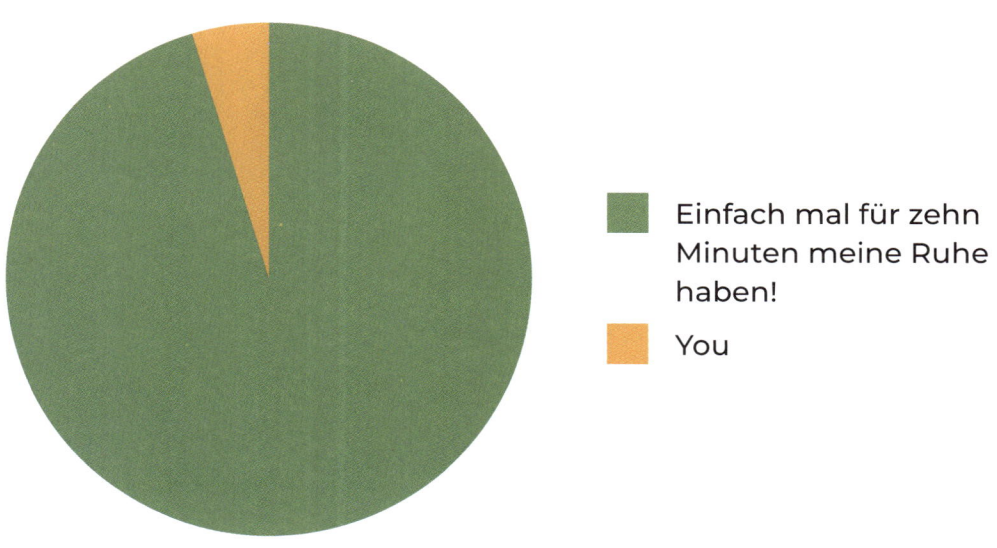

- **Einfach mal für zehn Minuten meine Ruhe haben!**
- **You**

Wie schön wir Weihnachtsmärkte finden

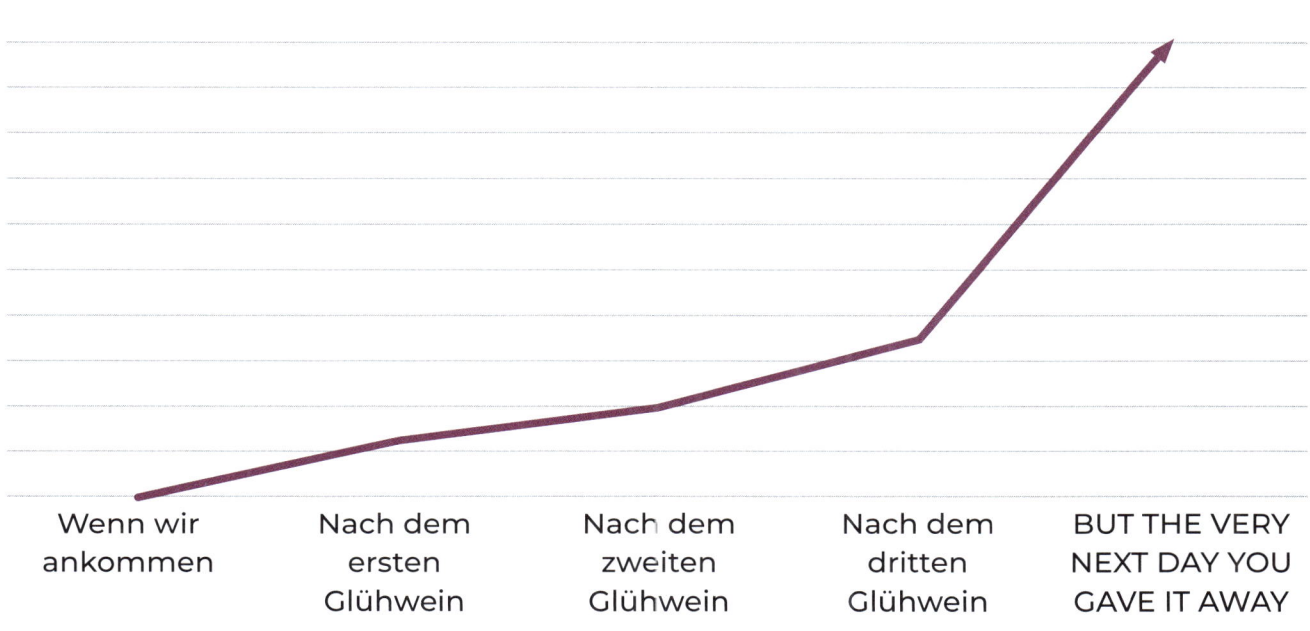

Wenn wir ankommen

Nach dem ersten Glühwein

Nach dem zweiten Glühwein

Nach dem dritten Glühwein

BUT THE VERY NEXT DAY YOU GAVE IT AWAY

Das Weihnachtsessen

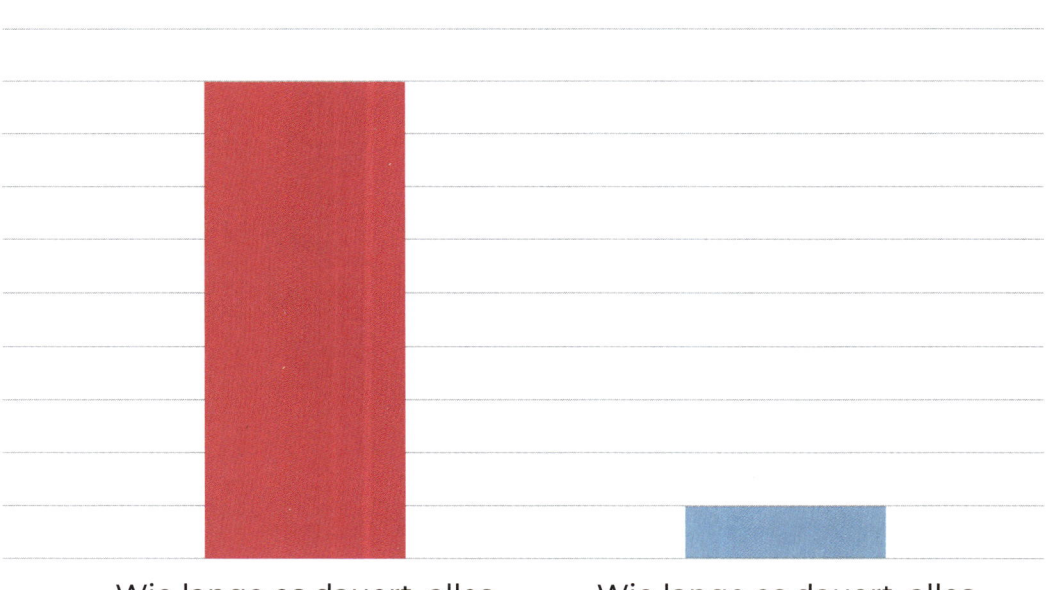

Wie lange es dauert, alles zuzubereiten

Wie lange es dauert, alles aufzuessen

Schneewahrscheinlichkeit

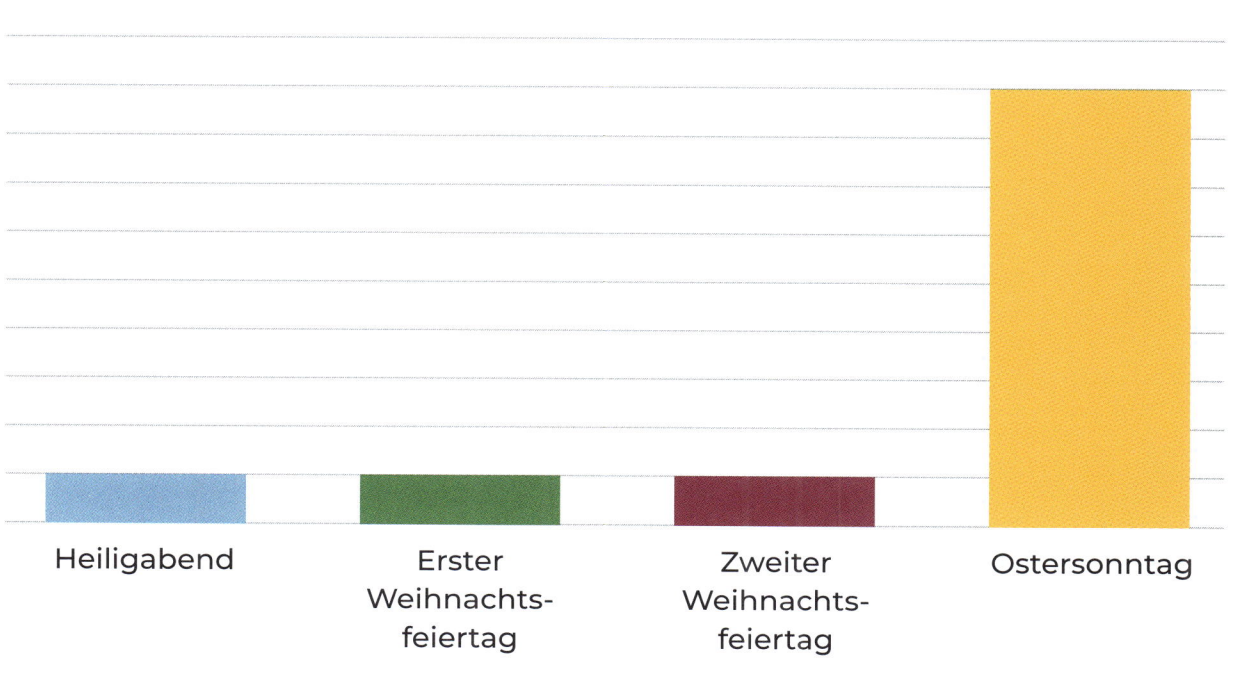

Heiligabend   Erster Weihnachts-feiertag   Zweiter Weihnachts-feiertag   Ostersonntag

Weihnachtsgeschenke, die wir gut gebrauchen können

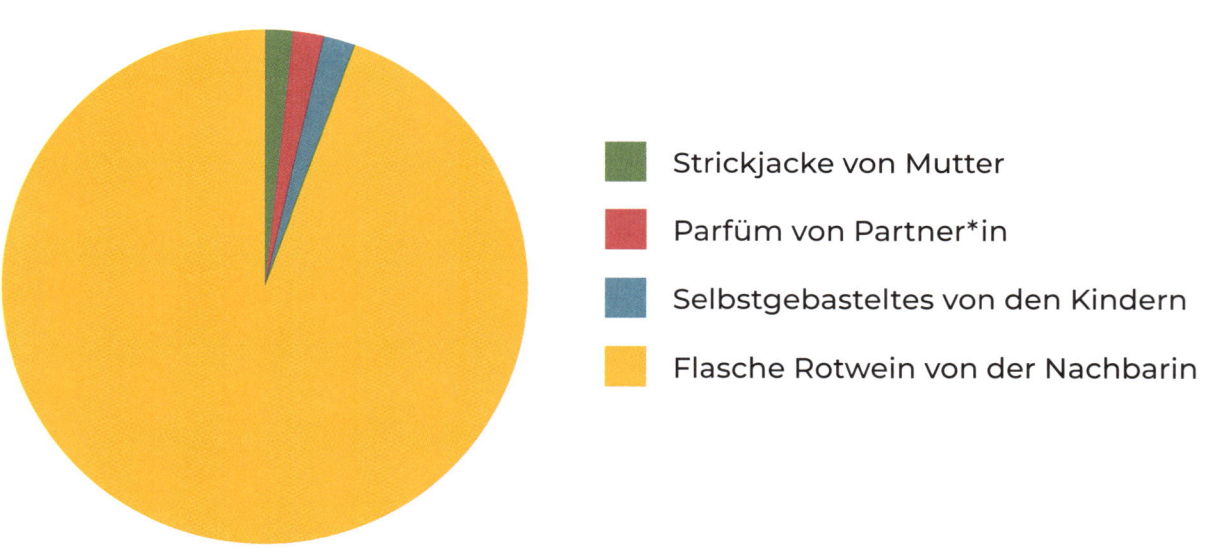

- Strickjacke von Mutter
- Parfüm von Partner*in
- Selbstgebasteltes von den Kindern
- Flasche Rotwein von der Nachbarin

Was wir zwischen den Jahren suchen

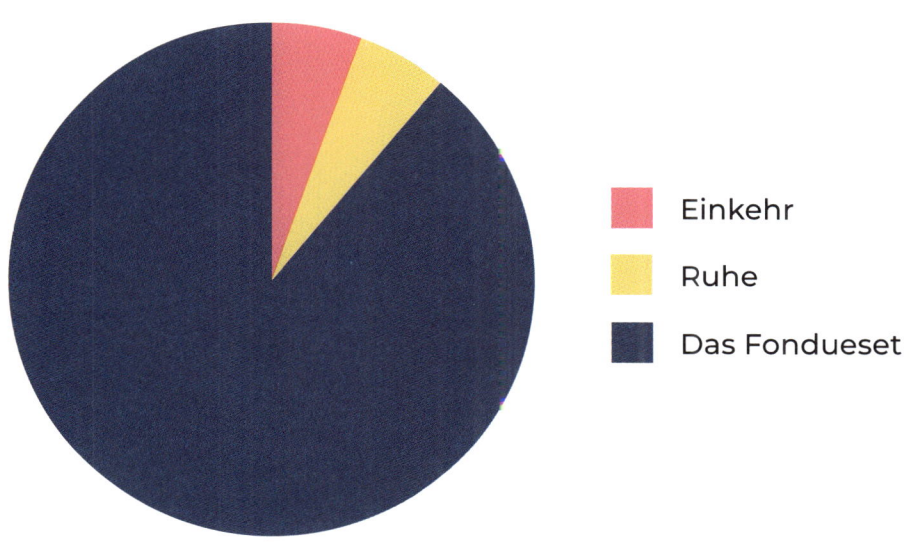

- Einkehr
- Ruhe
- Das Fondueset

Prima Geschenkideen

- Weihrauch
- Myrrhe
- Gold

Alkohol

Was bei Wein wichtig ist

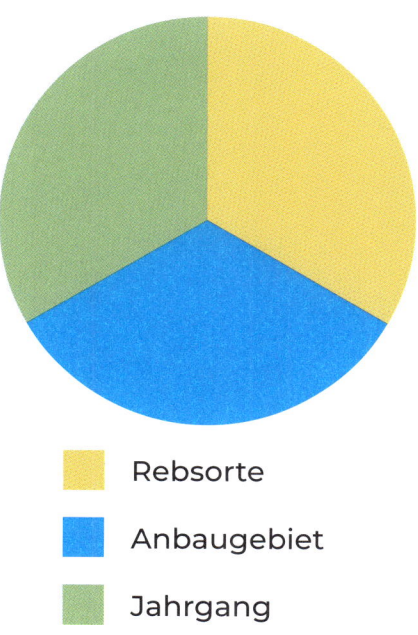

Rebsorte

Anbaugebiet

Jahrgang

Was bei Glühwein wichtig ist

Dass man zu Hause noch
Kopfschmerztabletten hat

Wie sich Weihnachten für Mütter im Laufe der Zeit verändert hat

- Es ist stressfreier geworden
- Es ist freier geworden
- Es ist selbstbestimmter geworden
- Die Geschenke für die Kinder müssen jetzt auch nachhaltig und pädagogisch wertvoll sein.

Das Unrealistischste an der Weihnachtsgeschichte

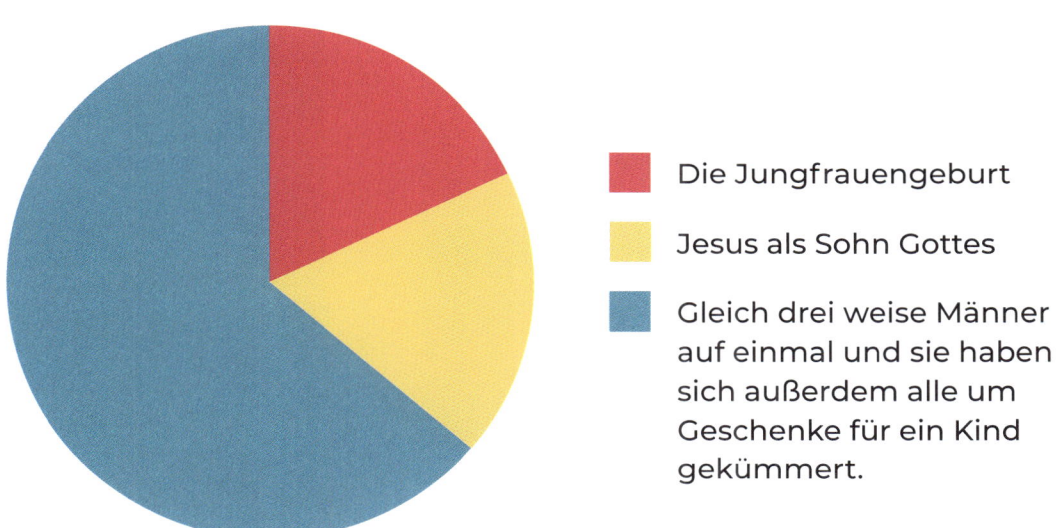

■ Die Jungfrauengeburt

■ Jesus als Sohn Gottes

■ Gleich drei weise Männer auf einmal und sie haben sich außerdem alle um Geschenke für ein Kind gekümmert.

Die besten Last-Minute-Geschenkideen

Geld

Freude in der Weihnachtszeit

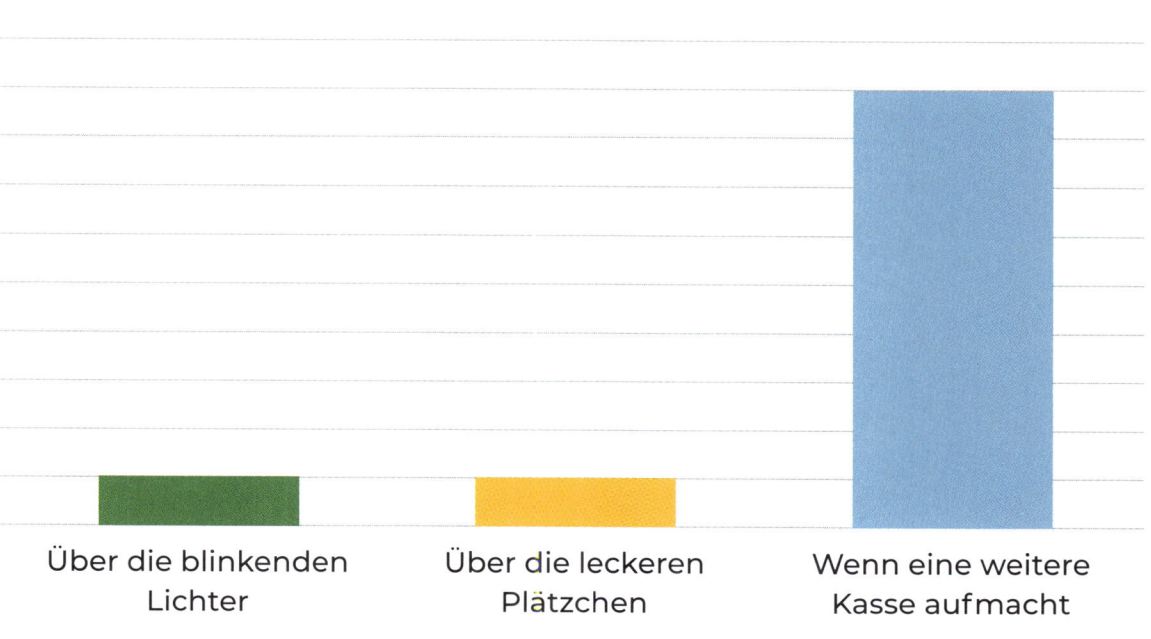

Über die blinkenden
Lichter

Über die leckeren
Plätzchen

Wenn eine weitere
Kasse aufmacht

Wofür wir in der Adventszeit spenden

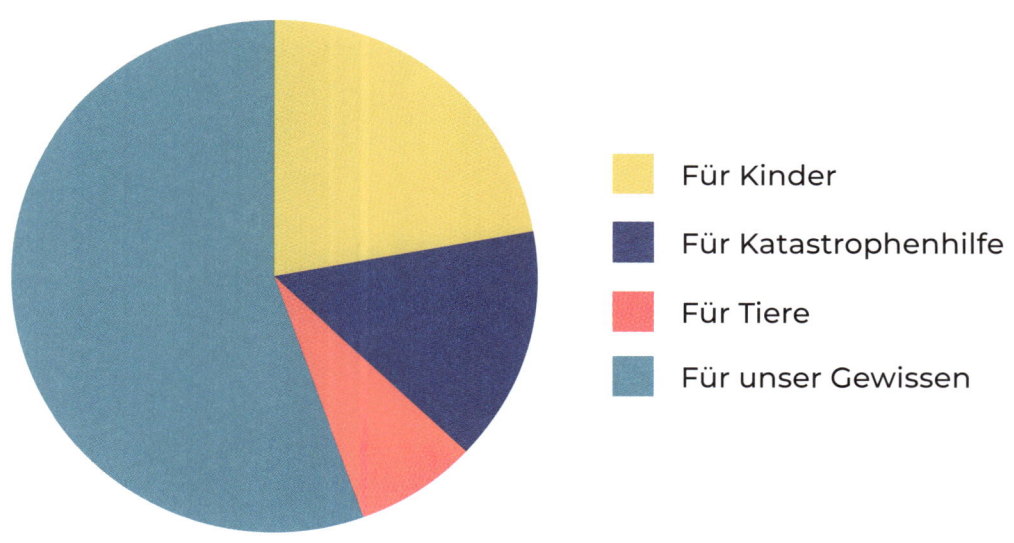

- Für Kinder
- Für Katastrophenhilfe
- Für Tiere
- Für unser Gewissen

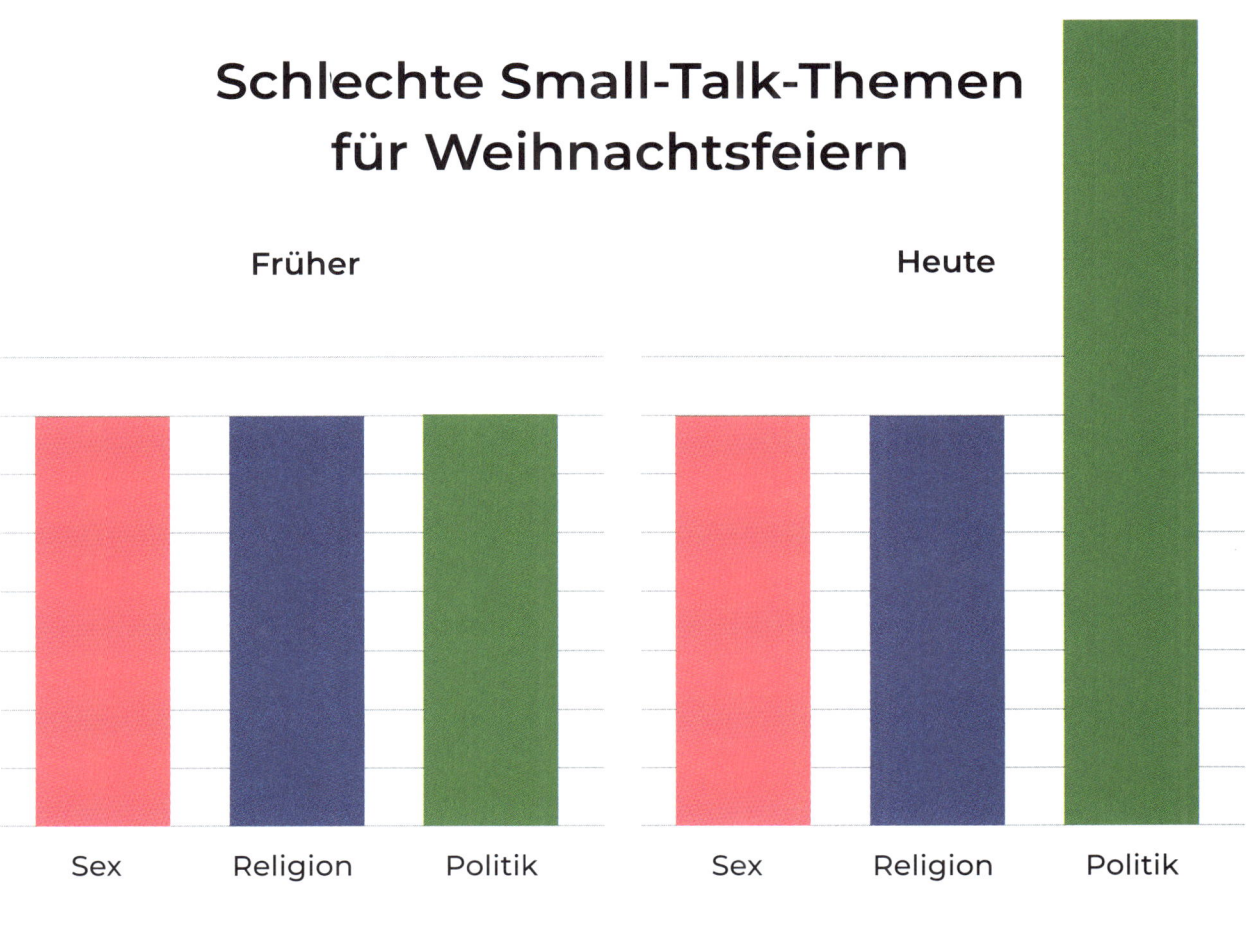

Schlechte Small-Talk-Themen für Weihnachtsfeiern

Früher

Heute

Sex Religion Politik Sex Religion Politik

Kritische Nachfragen an Weihnachten

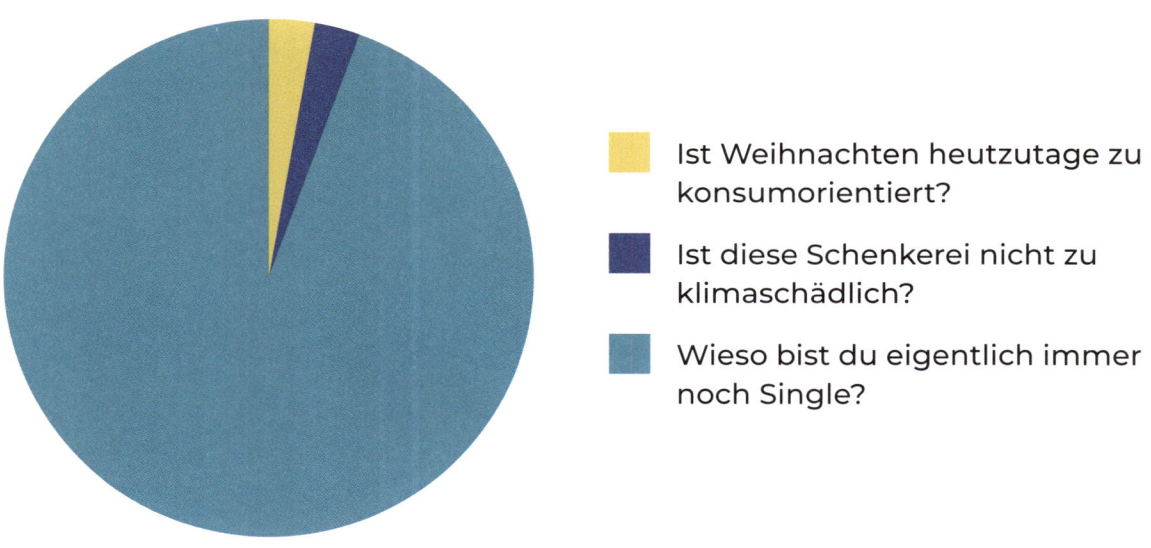

- Ist Weihnachten heutzutage zu konsumorientiert?
- Ist diese Schenkerei nicht zu klimaschädlich?
- Wieso bist du eigentlich immer noch Single?

Wofür wir nach Weihnachten dankbar sind

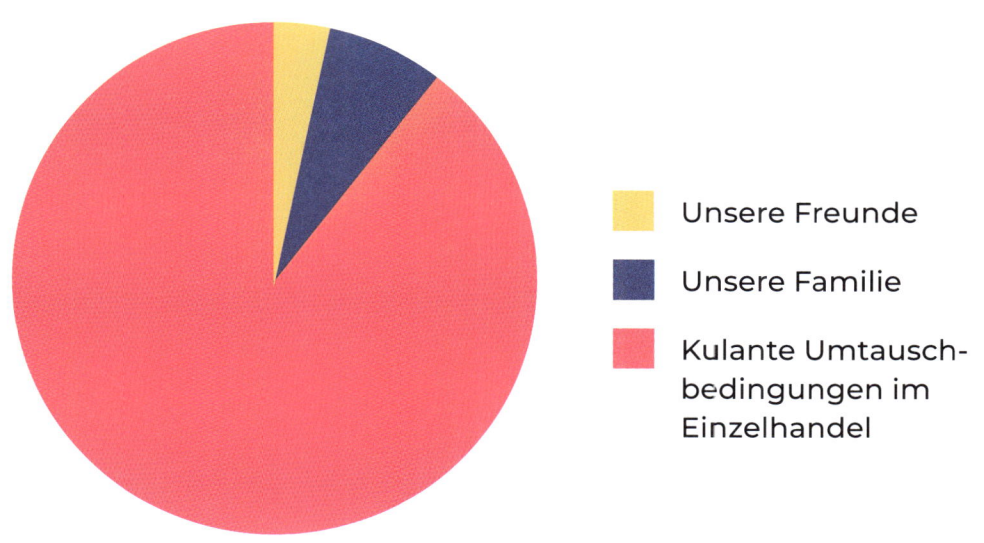

- Unsere Freunde
- Unsere Familie
- Kulante Umtausch-bedingungen im Einzelhandel

Wie man es schafft, sich in der Adventszeit nicht zu viel Stress zu machen und trotzdem ein schönes Weihnachtsfest zu bekommen

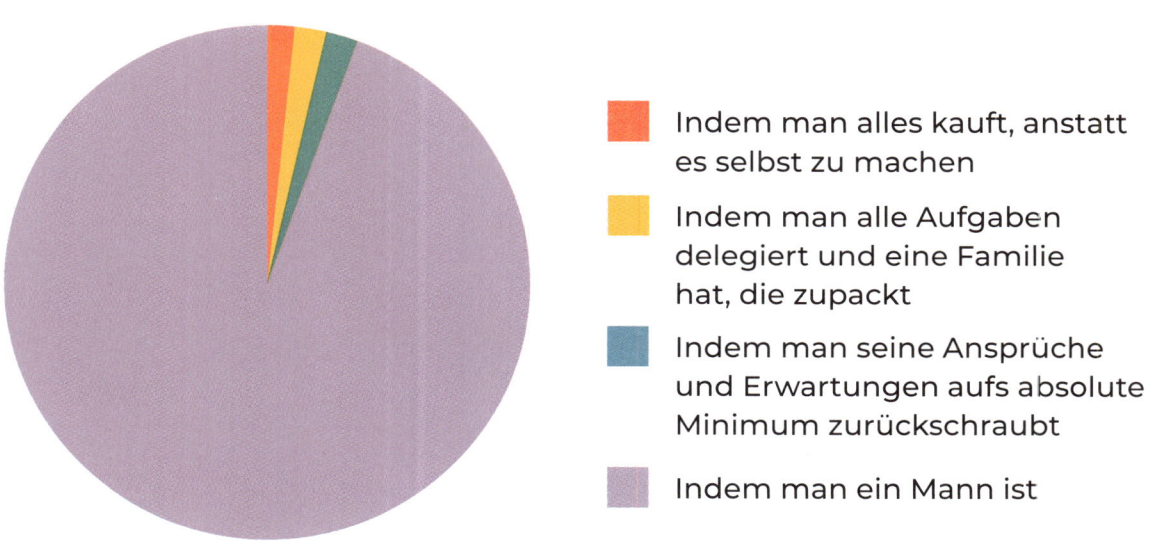

- Indem man alles kauft, anstatt es selbst zu machen
- Indem man alle Aufgaben delegiert und eine Familie hat, die zupackt
- Indem man seine Ansprüche und Erwartungen aufs absolute Minimum zurückschraubt
- Indem man ein Mann ist

Guter Zeitpunkt, um das Gewicht anderer Menschen zu kommentieren

| An Heilig-abend | Am 1. Weih-nachtstag | Am 2. Weih-nachtstag | An Silvester | An allen anderen Tagen des Jahres |

Wie okay wir es finden, einfach einen Parfümeriegutschein zu verschenken

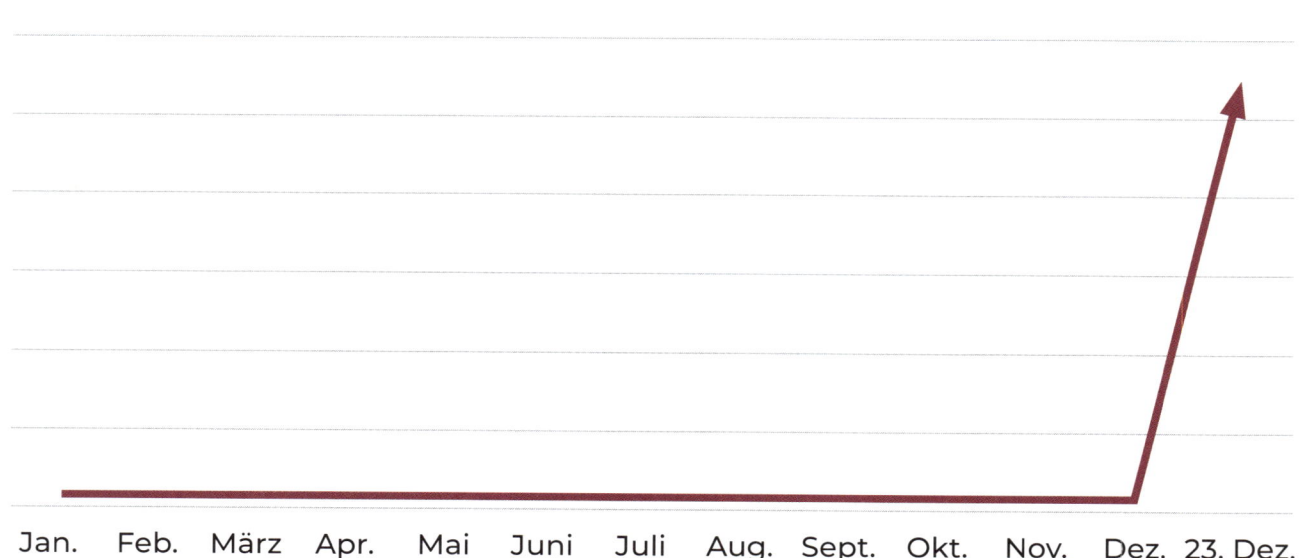

Gemeinsamkeiten

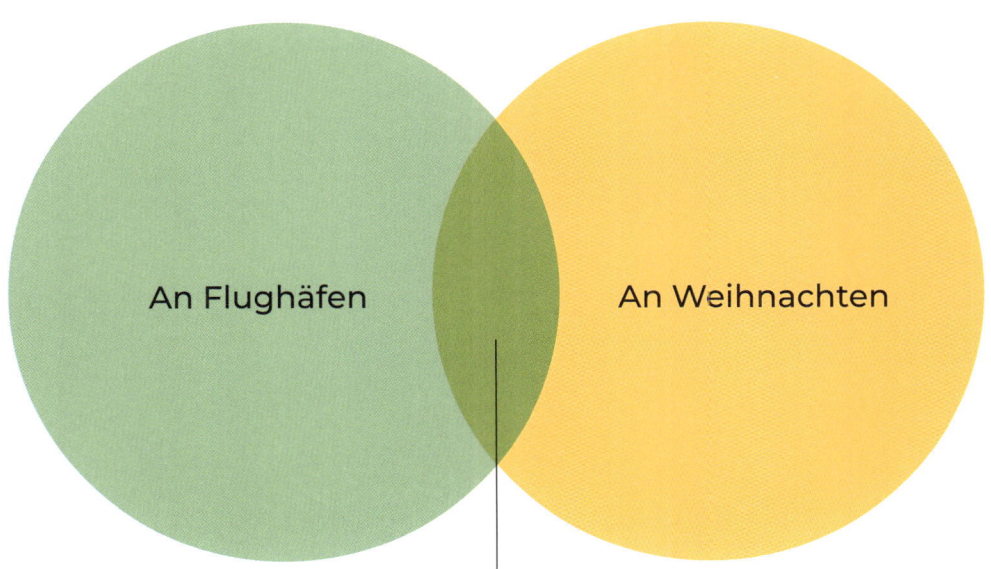

An Flughäfen

An Weihnachten

Wo es gesellschaftlich völlig akzeptiert
ist, dass man tagsüber Alkohol trinkt

Was einen richtig jung macht

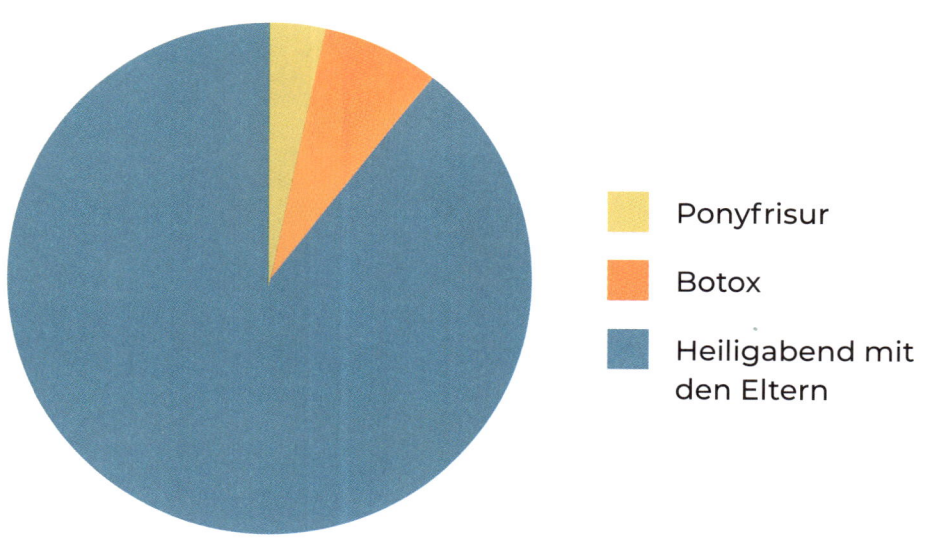

- Ponyfrisur
- Botox
- Heiligabend mit den Eltern

Zeit für Besinnlichkeit und Einkehr

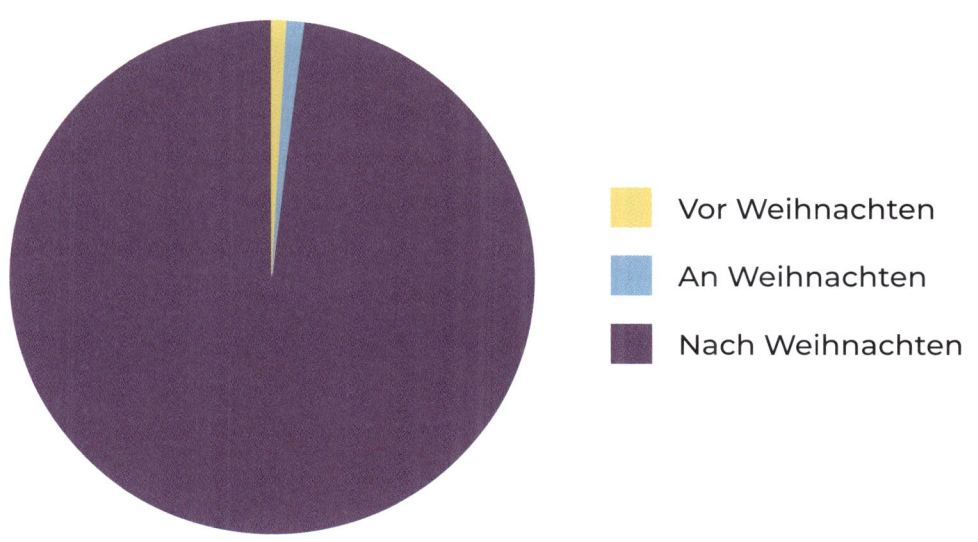

- Vor Weihnachten
- An Weihnachten
- Nach Weihnachten

Originalausgabe
1. Auflage 2023
© 2023 by Yes Publishing – Pascale Breitenstein & Oliver Kuhn GbR
Türkenstraße 89, 80799 München
info@yes-publishing.de
Alle Rechte vorbehalten.

Umschlaggestaltung: Ivan Kurylenko (hortasar covers)
Layout und Satz: Müjde Puzziferri, MP Medien, München
Druck: Florjancic Tisk d.o.o., Slowenien
Printed in the EU

ISBN 978-3-96905-282-2